# LA PLUS INDIGNE

# DES OPPRESSIONS

## SOUS LE DERNIER RÈGNE,

OU

## HISTOIRE DE L'OPPRESSION

QU'ON A FAIT SUBIR A UN HOMME DE LETTRES EN ENTERRANT
SES OUVRAGES

Ou pour lui en enlever actuellement la Gloire et le Profit
en le faisant paraître sous un autre Nom,
Ou pour assurer cette Gloire et ce Profit à ses héritiers en en retardant le succès
jusqu'après sa Mort;

SUIVIE D'UNE LETTRE DE M. CORMENIN.

**Prix : 10 centimes ou 2 sous.**

PARIS.

IMPRIMERIE BAILLY, DIVRY ET COMP.,
PLACE SORBONNE, 2.

—

1848.

# A M. COURTAUD,

PROFESSEUR DE SIXIÈME AU COLLÉGE BOURBON,

En lui envoyant des lettres de M. Cormenin.

M. Courtaud doit bien penser que le discours dont il s'agit dans les deux premières lettres de M. de Cormenin, n'est autre chose que cette seconde Catilinaire de Cicéron, dont il voulut bien accepter un exemplaire lorsqu'il était au collége Louis-le-Grand. L'illustre M. Courtaud ne sait pas que c'est son approbation secrète qui a fait mon malheur, ayant été, sous prétexte d'incapacité, obligé de quitter le collége Saint-Louis où j'avais deux répétitions, la même année qu'il fut obligé, lui, de quitter celui de Louis-le-Grand. Son malheur a été public, parce que son mérite était public; le mien a été secret, parce que mon mérite était secret. Mes oppresseurs ne se sont pas bornés là pour moi.

Voici les moyens qu'ils ont employés pour me voler et mon système de traduction, et l'application que je voulais en faire à tous les auteurs grecs et latins : voyant que ce système de traduction, dont je n'avais pu donner qu'une idée, était généralement approuvé et qu'il n'était pas encore connu, ils ont d'abord répandu la calomnie qu'il y avait trop de répétitions dans ma traduction, s'autorisant de l'opinion de M. de Cormenin et de quelques répétitions qu'il y a peut-être de trop en un ou deux endroits de cette traduction; ensuite, ils ont tant répété cette calomnie qu'ils l'ont accréditée et enfin établie, et ils ont tellement effrayé les esprits faibles, en la criant pour ainsi dire continuellement, que ceux d'entre eux qui avaient approuvé ma traduction n'ont pas cru pouvoir réparer leur honneur ou rétablir leur réputation, qu'en criant encore plus haut qu'eux qu'il y avait trop de répétitions dans cette traduction [1].

Ensuite, pour faire mieux oublier ma traduction, que j'avais donnée à presque tous les professeurs de seconde de Paris, et qui l'avaient tous approuvée, on n'a donné à expliquer, depuis ce moment, en seconde, au lieu des Catilinaires, que les ouvrages philosophiques de Cicéron. J'interromps ici mon récit pour vous dire que je n'ai jamais reçu un sou de mes exemplaires, quoique la calomnie prétende

---

[1] J'ai été très longtemps dans l'incertitude de ce qu'on avait voulu faire en faisant disparaître les exemplaires de ma traduction. J'ai cru d'abord qu'on avait voulu me voler mon système; mais j'ai cru voir plus tard qu'on ne l'avait fait disparaître que pour en retarder la publication jusqu'après ma mort, et en assurer le produit à mes héritiers.

que je ne les présente aux gens que pour en recevoir de l'argent.
Mais il faut se méfier des tartufes qui sont dans le monde, et qui
abusent de la réputation d'être des honnêtes gens, quoiqu'ils ne le
soient pas, pour calomnier ceux qui le sont. Pour en revenir à ce
que je disais, on en a tellement fait disparaître tous les exemplaires, que j'avais tous donnés pour donner une idée de mon
système, qu'on m'a volé le mien dernièrement.

Je crois même que M. Courtaud ne retrouvera pas le sien (c'est
une petite brochure in-folio ou in-quarto avec une couverture
jaune et qui n'est pas imprimée), et que, quand il se présenterait
à la Bibliothèque Royale pour demander l'un des deux exemplaires
qui y sont, on le lui refuserait, sous prétexte ou qu'on ne les trouve
pas, ou qu'ils ont été perdus, ou qu'on les a volés. On n'a pas
cru que ce que je viens de dire pût suffire. Pour anéantir le souvenir de ma traduction et celui de mon système, on a abusé d'une
maladie que j'ai eue, et qui m'a laissé des apparences et même
des manières d'imbécile, pour me faire, pour ainsi dire, un imbécile public, afin de m'ôter toute espèce de mérite et de rendre
ridicules ceux qui voudraient m'en trouver quelqu'un. Je reviens
encore à ce que je vous disais plus haut. Il y a des imposteurs qui
tiennent la main à mes oppresseurs et qui vous diront peut-être,
pour vous tranquilliser, qu'ils ont ma traduction; mais cherchez
l'exemplaire que j'eus l'honneur de vous donner, et vous verrez si
vous le trouvez; sommez-les de vous montrer celui qu'ils disent
avoir, ou de le chercher, et vous verrez qu'ils ne le trouveront pas [1].

Je ne serais pas éloigné de croire que mon frère a vendu mon
système, car il me tient en tutelle, je crois, comme un imbécile,
dans les hôtels où je vais loger; il correspond peut-être même avec
les maîtres des hôtels et me fait traiter comme un imbécile. Je
m'adresserais à un avocat pour savoir s'il n'y aurait pas moyen d'a-
voir recours aux tribunaux, mais je n'ai point de fortune absolument, et je suis réduit à vivre avec quatre cents francs que m'accorde l'Université et cent francs qu'il m'envoie tous les ans. Ceci
vous rappellera peut-être le plaidoyer que fit Mirabeau pour tirer
de Charenton un homme de la famille la plus honorable, que son
frère y avait fait enfermer pour avoir sa fortune; ceci vous rappellera peut-être encore les escroqueries qui se font tous les jours.

On dit (je ne suis pourtant pas sûr que cela soit vrai), on dit que
c'est M. Pierrot qui va publier les quatre Catilinaires traduites d'a-
près mon système, et l'Imitation de Jésus-Christ, que j'avais aussi
traduite d'après le même système. J'aurais dû vous dire plus haut,

[1] On peut avoir remis aujourd'hui ce qu'on avait fait enlever lorsque j'écrivais ceci.

Monsieur, que si je m'adressais à un avocat, je suis sûr qu'on l'empêcherait de porter mon affaire devant les tribunaux, quand même je serais plus fortuné, en lui persuadant que je suis un imbécile et que je vais dépenser à plaider l'argent qui m'est nécessaire pour ma subsistance. J'oubliais de vous dire qu'à voir la place que vous avez dans l'Université et celle que vous deviez y occuper, il ne serait pas étonnant que ce fût M. Pierrot qui publiât ces deux ouvrages.

Comme il est impossible de vous donner des preuves d'une oppression aussi insigne autrement qu'en vous mettant dans le cas de comparer les deux traductions, et de voir que celle qui va paraître a été faite d'après mon système et est même copiée sur la mienne, mot pour mot, permettez-moi de vous envoyer quelques extraits de ma traduction. J'ose croire que vous ne pourrez pas vous refuser à l'évidence. J'espère que vous comprendrez toute l'importance de ces extraits, et que vous voudrez prendre garde qu'on ne vous les soustraie, comme on vous a soustrait l'imprimé de ma seconde Catilinaire, que vous voulûtes bien accepter.

Je ne saurais trop vous répéter qu'il y a des preuves matérielles de votre oppression (elle a été publique, et par conséquent tout le monde l'a connue), mais qu'il n'y a pas de preuves matérielles de la mienne; elle a eu lieu dans l'ombre, et par conséquent personne n'en sait rien, ou il y a très-peu de gens qui le sachent. Il n'y a de preuves matérielles que mon manuscrit, et les quelques extraits de ce manuscrit que je vous envoie. C'est seulement en comparant ce manuscrit et ces quelques extraits avec la traduction qui va paraître, qu'on peut s'assurer du fait que je dénonce et qu'on peut y croire.

J'ai oublié de vous dire que la calomnie dont ils se sont surtout armés est que je fais prêcher Cicéron. Ils prétendent que je le fais prêcher, parce que je disais dans ma préface que notre éloquence est plus avancée dans la chaire que dans le barreau et que dans la politique. Quand ce que j'avance dans ma préface serait faux, ce ne serait qu'un paradoxe ou qu'une bêtise, qui, d'ailleurs, n'a point arrêté M. de Cormenin et qui vous arrêta pas vous-même lorsque vous donnâtes des éloges à ma traduction. C'est cependant avec ce ridicule (car vous savez que le ridicule est l'arme la plus dangereuse), c'est, dis-je, avec ce ridicule, qu'ils ont voulu empêcher que l'on crût à mon oppression.

Comme ma méthode de traduction est un véritable système et qu'il n'en a point existé jusqu'ici, au moins qui fût tout à fait dans le vrai, M. Guizot disait qu'il me vaudrait 100,000 fr., s'appliquant comme il fait à tous les auteurs grecs et latins.

Permettez-moi, Monsieur, d'ajouter une ou deux notes [1] : c'est à mon système de répétitions surtout que ces misérables en veulent. Si vous saviez comme ce système, appliqué non-seulement à Cicéron et à Démosthène, mais encore à Virgile, à Homère et à tous les auteurs grecs et latins, rend parfaitement ces auteurs, et leur donne une beauté qu'ils n'ont pas eue jusqu'ici dans la langue française et qu'on ne soupçonnerait pas qu'ils puissent y avoir.

Les nouvelles découvertes en littérature, que j'avais envoyées à M. Cormenin, se résument toutes dans le mot rhythme ou nombre. Elles se résument dans ce que les Grecs appelaient rhythme, ou dans ce que les Latins appelaient nombre, ou dans ce que les Français appellent cadence. C'est donc ce que les Grecs appelaient rhythme dans leur langue, ce que les Latins appelaient nombre dans la leur, et ce que les Français doivent appeler cadence dans la langue française, que j'ai découvert. Cette découverte est contenue dans une lettre de cinquante ou de soixante pages que j'avais adressée à M. Arago, lorsqu'en 1837 il fut question à la Chambre des Députés des écrivains anciens et des écrivains modernes. Cette découverte est si belle et si importante que, si ma position malheureuse ne m'avait pas empêché de la publier, elle m'aurait valu une pension considérable; elle est le complément et la preuve irréfragable de mon système de répétitions. Elle est si vraie, qu'avec mon rhythme (car nous disons indifféremment en français rhythme, nombre ou cadence) on explique les passages qui nous restent des anciens sur le rhythme, passages qu'on n'a pas pu expliquer jusqu'ici. (Voyez Tourlet, traduction de Pindare, à la fin de la Préface.) Cette découverte décide la question des écrivains anciens et des écrivains modernes; elle prouve que les écrivains anciens ne sont supérieurs aux écrivains modernes que parce que la littérature moderne est en arrière de deux siècles de la littérature ancienne, le rhythme étant le complément du développement des langues ou ne se développant dans les langues que dans la dernière période des langues.

Mon système avait pour base la déclamation. C'est avec la déclamation que j'ai fait sentir les beautés de Cicéron et de Démosthène, et que j'ai découvert dans Sophocle une infinité de passages qui n'ont pas été été entendus comme ils auraient dû l'être, ainsi

---

[1] Si votre intérêt ou votre curiosité étaient excités par ces notes, dont je vous prie d'excuser le désordre et le galimatias, pour ainsi dire, à cause d'une irritation de nerfs qui me fait éprouver dans ce moment-ci une extrême difficulté d'écrire et de penser, je vous prie de m'honorer de la même popularité que M. de Cormenin; si vos lettres ne sont pas interceptées à la poste, ce qui pourrait bien arriver, je prendrai la liberté de vous envoyer d'autres extraits de mes Catilinaires, surtout la péroraison de la première qui est si belle. Je vous enverrai aussi le manuscrit. Outre cela, je vous enverrai des échantillons de ma découverte du rhythme.

que dans les autres tragiques grecs. C'est avec la déclamation que j'ai découvert une infinité de beautés dans les discours même les plus courts d'Homère qu'on n'y avait pas encore vues ; et avec la déclamation que j'ai fait voir que l'Imitation de Jésus-Christ n'avait pas été entendue : je la déclame en effet en fondant en larmes et en sanglotant, et je défie qu'en la lisant à l'ordinaire on y trouve seulement sujet de verser des larmes. Enfin, j'ai prouvé complétement ce que je disais à M. Guizot, aujourd'hui ministre des affaires étrangères, dans ma dédicace : Que les anciens n'avaient pas encore été entendus.

Mon système roulait aussi sur l'équivalent ou le mot propre ; j'ai inventé une méthode pour découvrir l'équivalent qui enrichit la langue d'une infinité d'expressions toutes nouvelles et toutes plus fortes que les anciennes, les langues grecque et latine étant plus avancées ou plus développées que la langue française. C'est une méthode qui consiste à donner à chaque mot sa signification propre, s'il n'en a qu'une, et ses significations propres, s'il en a plusieurs, et à les lui donner, en les prenant dans les endroits où elles sont le plus saillantes ; c'est une méthode qui sert à fixer ou à généraliser les significations qu'ont les mots latins et grecs, et même à découvrir celles qu'on ne leur a pas encore reconnues. Ainsi le mot ενθα signifie les trois quarts du temps en grec *alors*, dans le sens où Fénelon l'emploie dans les premières lignes de son *Télémaque*. Ainsi αλλα, qui signifie *mais* en grec, signifie plus souvent encore ou signifie presque toujours, pour ainsi dire, *quoi qu'il en soit*, et aucun dictionnaire grec ne lui reconnaît cette signification ; ainsi *obruere*, en latin, signifie presque toujours *enterrer* au figuré, et les dictionnaires latins ne lui donnent jamais cette signification. J'avais découvert aussi des règles générales de traduction pour les participes ; ainsi l'ablatif absolu se rend toujours par *après que* ou *après avoir*, etc., etc.

Le Tasse, que je suis si loin d'égaler du côté du génie, avait eu la même maladie et éprouvé les mêmes malheurs que moi. Après avoir terminé sa *Jérusalem délivrée*, ayant été attaqué de sa maladie mentale, un spéculateur trouva le moyen de lui soustraire un exemplaire de son ouvrage et le fit imprimer à son profit, avant que le Tasse l'eût livré à l'impression. Montagne, qui, dans les autres occasions, est le plus subtil des hommes et qui, dans celle-ci, en est le plus stupide, si je puis m'exprimer ainsi, Montagne, qui eut occasion de le voir à l'époque même où il fut pris de sa maladie mentale, prétend qu'il était tout à fait tombé en démence et qu'on fut obligé de faire imprimer sa *Jérusalem délivrée*, parce qu'il ne pouvait pas le faire lui-même, ce qui est absolument dé-

menti par les auteurs de sa vie. D'ailleurs si le Tasse fût devenu
tout à fait fou, comme le dit Montagne, il n'aurait pas, plus tard,
corrigé sa *Jérusalem délivrée*, et n'en aurait pas donné une meilleure édition. Outre cela, il n'aurait pas fait les ouvrages qu'il fit
depuis, et parmi lesquels se trouve ce qu'il a laissé de plus par-
fait. Vous avez pu voir dans la dernière exposition le Tasse à l'hô-
pital des fous. Le duc d'Este, par la plus insigne des oppressions,
l'avait tenu sept ans renfermé avec les fous.

Je vous prie d'agréer les sentiments distingués et la considération avec lesquels j'ai
l'honneur d'être,

Monsieur,

Votre très-humble, très-obéissant et très-fidèle serviteur,

SALANSON.

Paris, 18 février 1844.

# A M. ARAGO,

### DÉPUTÉ DES PYRÉNÉES ORIENTALES [1].

### MONSIEUR LE DÉPUTÉ,

C'est vers la fin de juin ou au commencement de juillet de l'année 1841, je crois, que j'eus l'insigne hardiesse de vous envoyer
ma lettre sur la découverte du rhythme. Quelques efforts que j'aie
pu faire pour rappeler mes souvenirs, il m'a été impossible de
mieux préciser l'époque. J'espère que malgré cela vous voudrez
bien faire chercher cette lettre et la faire remettre par votre do-
mestique au commissionnaire que je serai dans l'obligation d'envoyer chez vous. J'aimerais mieux, M. le Député, que vous la fissiez déposer chez le portier à qui je la remis, c'est-à-dire chez le
portier qui est du côté de la rue du faubourg Saint-Jacques. (Car
il y a deux portiers à l'Observatoire, ce que je ne savais pas et ce
que m'apprit le commissionnaire que j'envoyai chez celui que je
viens de dire, croyant que vous y auriez fait déposer ma lettre,
comme je vous en priais dans ma lettre d'envoi.) J'aimerais mieux,
dis-je, que vous la fissiez déposer chez ce portier, parce que mon
commissionnaire la reprendrait là, sans être obligé de pousser la
hardiesse jusqu'à aller chez vous.

Pour peu que vous vous occupiez de littérature, vous avez dû
voir, M. le Député, que M. Pankouke vient d'enterrer M. Nisard,
après que M. Nisard avait enterré M. Pankouke, et vous avez peut-
être soupçonné que les faiseurs d'affaires avaient disparu pour
laisser la place tout entière à celui qui va leur succéder. Je me

---

[1] Je ne sais pas la date de cette lettre. M. Arago peut le savoir, s'il veut : car il
en a une copie chez lui. Je crois que c'est en 1843 qu'elle a été écrite.

trompe en disant faiseurs d'affaires, car ces gens n'ont pas volé l'État ni les particuliers, et ces gens sont, outre cela, des honnêtes gens ; mais je hais tellement toute espèce de rouerie et de politique, que j'ai de la peine à leur pardonner de s'enterrer l'un l'autre, comme je viens de le dire, pour mieux faire les affaires de celui qui vient après eux et pour mieux le faire briller. Je hais d'autant plus cela, M. le Député, que celui qui va prendre leur place est celui qui a acquis une partie de mon système ou mon système tout entier. Je ne pense pas cependant qu'il pousse l'effronterie jusqu'à proclamer que les anciens n'ont pas été entendus, comme je l'ai fait moi-même ; je ne pense pas qu'il la pousse jusqu'à m'enlever le style avec lequel j'ai traduit Cicéron, style qui est le seul avec lequel on puisse rendre non-seulement les beautés de Cicéron et de Démosthène et de tous les orateurs grecs, mais encore celles de Platon, celles du théâtre des Grecs et celles de tous les écrivains anciens, beautés qui consistent surtout dans le sentiment le plus vif et le plus profond ; ce style est le seul, dis-je, avec lequel on puisse rendre tous ces auteurs, puisque ne voulant pas révéler la vérité de ma découverte du rhythme, ils ne pourront point employer le style rhythmique.

Je ne pense pas non plus qu'il pousse l'effronterie jusqu'à m'enlever mon système de déclamation, système qui, en l'appliquant au théâtre des Grecs, fait voir à tout moment que ce théâtre n'a pas été entendu absolument, et qui découvre dans ce théâtre des beautés dont nos tragiques modernes, non-seulement n'ont pas eu d'idée, mais même qu'ils n'ont pas soupçonnées ; système qui, en l'appliquant à ce théâtre surtout, fait voir la vérité de mon rhythme, beaucoup de passages de ce théâtre ne pouvant être parfaitement rendus qu'avec ce rhythme ; système qui fait encore voir dans l'Imitation de Jésus-Christ des perfections que les anciens n'ont point connues ; il y fait voir la perfection de la prière en représentant l'auteur de ce livre, toujours fondant en larmes et toujours sanglotant devant son Dieu.

Je déclame l'Imitation de Jésus-Christ, en fondant en larmes et en sanglotant ; j'en ai déclamé un passage à M. Leclerc un jour. Je le lui ai déclamé d'un ton à l'obliger à me demander où était ce passage. C'était un ton extrêmement lamentable, mais ce n'était encore ni pleurs, ni sanglots, comme cela a été dans la suite et comme c'est aujourd'hui que je l'ai mieux approfondie. Je défie que jusqu'ici on ait trouvé sujet non pas de sangloter, mais même de verser des larmes en lisant l'Imitation de Jésus-Christ.

Je ne crois pas qu'il ait l'effronterie de m'enlever cela, quoique cependant je n'en sache rien, et que j'apprenne qu'il y a quelque temps qu'il déclame le théâtre des Grecs comme je le déclame depuis douze ans ou depuis que je déclame Cicéron et que ses amis, pour lui fournir une excuse d'enlever le style de ma traduction, ne cessent de lui dire que les beautés que j'y ai découvertes par la déclamation et qu'ils lui attribuent, ont besoin d'un style nouveau pour être rendues; je ne crois pas, dis-je, qu'il ait l'effronterie de m'enlever cela, mais il m'enlèvera la méthode que j'ai inventée pour découvrir le mot propre et par conséquent l'équivalent, méthode qui enrichit la langue d'une infinité d'expressions toutes nouvelles et toutes plus fortes que les anciennes, les langues grecque et latine étant plus avancées ou plus développées que la langue française, méthode qui consiste à donner à chaque mot sa signification propre, s'il n'en a qu'une, et ses significations propres, s'il en a plusieurs, et à les lui donner, en les prenant dans les endroits où ces significations sont le plus frappantes.

Cette méthode sert à fixer ou à généraliser les significations qu'ont les mots latins et grecs, et même à découvrir celles qu'on ne leur a pas encore reconnues : ainsi le mot ενθα signifie les trois quarts du temps en grec *alors* dans le sens où Fénelon l'emploie dans les premières lignes de son *Télémaque*. Ainsi αλλα, qui signifie *mais* en grec, signifie plus souvent encore, ou signifie, pour ainsi dire, presque toujours, *quoi qu'il en soit*, mot que, par parenthèse, j'ai confondu dans ma lettre sur le rhythme avec *quoi qu'il arrive :* ainsi, dis-je, αλλα signifie presque toujours *quoi qu'il en soit*, et aucun dictionnaire grec ne lui reconnaît cette signification. Elle n'est même pas au nombre de celles qu'on lui donne. Ainsi *obruere*, en latin, signifie presque toujours *enterrer* au figuré, et les dictionnaires latins ne lui donnent jamais cette signification. Je ne vous parlerai pas des découvertes que j'ai faites sur la matérialité de la langue française et sur la moralité de la langue grecque et latine ; je ne vous parlerai pas non plus de la grande quantité d'ellipses que j'ai découvertes dans ces deux langues. Je terminerai ma lettre en vous disant les moyens que l'on a employés pour me voler ma traduction des *Catilinaires* et celle de l'*Imitation de Jésus-Christ*, enfin tout mon système et l'application que je voulais en faire à tous les auteurs latins et grecs, quoiqu'on prétende qu'après avoir enseigné dix ans les deux langues, après avoir été un des premiers élèves de ma division à l'École Normale je ne sais ni le grec ni le latin, et quoiqu'on vous l'ait fait croire peut-être à vous-même.

1er Moyen : Voyant que ce système de traduction, dont je n'avais pu donner qu'une idée, n'était pas encore connu et était généralement approuvé, ils ont d'abord répandu la calomnie qu'il y avait trop de répétitions dans ma traduction, s'autorisant de l'opinion de M. de Cormenin et de quelques répétitions qu'il y a peut-être de trop dans quelques endroits de ma traduction ; ensuite ils ont tant répété cette calomnie, qu'ils l'ont accréditée et enfin établie, et ils ont tant effrayé les esprits faibles en la criant, pour ainsi dire, continuellement, que ceux d'entre eux qui avaient approuvé ma traduction n'ont pas cru pouvoir réparer leur honneur ou rétablir leur réputation qu'en criant encore plus haut qu'eux qu'il y avait trop de répétitions dans ma traduction.

2e Moyen : Après cela ils ont fait disparaître tous les exemplaires de ma traduction, qui n'avaient été tirés qu'à cent exemplaires. On en a tellement fait disparaître tous les exemplaires, que j'avais tous donnés (quoi que des imposteurs puissent dire) pour donner une idée de mon système, qu'on m'a volé le mien dernièrement et que je crois que M. le Député ne retrouvera pas le sien, s'il veut bien le faire chercher (c'est une petite brochure in-folio ou in-quarto, avec une couverture jaune et qui n'est pas imprimée) ; de plus, je suis sûr que, quand il se présenterait à la Bibliothèque Royale, pour demander l'un des deux exemplaires qui y sont, on le lui refuserait, sous prétexte ou qu'on ne trouve pas ces exemplaires, ou qn'ils ont été perdus, ou qu'on les a volés ; j'en suis sûr, dis-je, parce que je m'y suis présenté, et qu'on me les a refusés, même après avoir donné la date de l'impression, qui est 1832.

3e Moyen : Pour mieux faire oublier ma traduction, que j'avais donnée à tous les professeurs de seconde de Paris, et qui l'avaient approuvée, mais M. Courtaud surtout, et M. Dalgue, professeur de seconde au collége Charlemagne, encore plus que M. Courtaud ; pour la mieux faire oublier, dis-je, on n'a donné, depuis ce moment-là, à expliquer en seconde que les ouvrages philosophiques de Cicéron ; on a peut-être même, sous des prétextes plausibles, retranché les *Catilinaires* du nombre des discours de Cicéron qu'on explique dans les classes, je dis, sous des prétextes plausibles, parce qu'il y a beaucoup de discours de Cicéron qui valent mieux que ceux-là ; il n'en est pas moins vrai que c'est pour effacer le souvenir de ma traduction, et par suite de mon système de traduction, qu'on a fait tout cela.

4e Moyen : On n'a pas encore cru que cela pût suffire. Pour mieux anéantir tout souvenir de cette traduction et de ce système de traduction, on a abusé d'une maladie mentale que j'ai eue, et qui m'a laissé des apparences d'imbécillité et peut-être même des manières d'imbécile, pour me faire, pour ainsi dire, un imbécile public, en me faisant passer pour tel, et en me faisant même jouer comme tel, pour mieux prouver que je le suis... Ce n'est pas tout : on m'a forcé, pour ainsi dire, et on me force encore à mener la vie d'un imbécile, en me réduisant à vivre avec quatre cents francs que m'accorde l'Université et cent francs que m'envoie mon frère, et, si je me plains, on dit que c'est de mon choix que je mène une pareille vie, quoique j'aie fait toutes les démarches imaginables pour trouver de l'emploi, sans pouvoir y réussir.

5° Moyen : On ne m'a pas fait un imbécile seulement, on m'a fait encore un incapable et un ignorant, ou plutôt on m'a fait la personnification de l'imbécillité, de l'incapacité et de l'ignorance : on ne m'appelle que l'imbécile, l'incapable ou l'ignorant. Pour prouver ce que je viens de dire, on dit que je ne suis pas capable de faire même des répétitions de sixième et de septième. C'est la plus insigne de toutes les calomnies, et je vous demande s'il est possible qu'un ancien élève de l'École Normale ignore assez le grec et le latin, ou tout au moins le latin, pour cela.

Je vous prie d'excuser mon importunité et la longueur de cette lettre, et de me permettre d'être, Monsieur, votre très-humble serviteur.

*P. S.* Lorsqu'on me vola mon exemplaire et celui de plusieurs de mes amis, on ne me vola pas mon manuscrit; alors je le confiai à un de mes amis qui me l'a remis lorsque j'ai été un peu plus fortuné et en état de le republier. Je vous envoie un exemplaire de cette nouvelle publication; j'espère que vous voudrez bien l'accepter. On doit encore faire disparaître cette publication.

La naïveté de ces lettres pourra me faire paraître ridicule; on rira, peut-être avec raison, de mon insistance sur les vols que l'on m'a faits, et de mon appréciation de certaines choses qui n'ont peut-être pas une grande valeur. Mais on n'en verra pas moins qu'elles ne renferment que la vérité.

On n'en verra pas moins que n'ayant pas pu me voler mon système de traduction, lorsque l'on en a su la valeur, parce qu'il était trop connu, on en a retardé la publication jusqu'après ma mort, pour en assurer le profit à mes héritiers. Que c'est pour cela que, non contents d'avoir décrié la première fois l'application que j'en avais faite à un discours de Cicéron, quoiqu'ils en sussent le mérite, ils l'ont encore décriée, pour en empêcher le succès, aujourd'hui que je viens de la faire reparaître.

J'en ai porté deux exemplaires à M. Poirson, proviseur du lycée Charlemagne, et qui était proviseur du collége Saint-Louis, aujourd'hui lycée Monge, lorsque j'en sortis. J'en ai donné douze exemplaires à ma nièce pour les remettre à son père, et certainement je n'aurais pas mieux demandé que d'être leur ami. Mais quand j'ai vu que non-seulement on avait décrié de toutes les manières imaginables ma traduction qui, au pis-aller, est au moins la meilleure qui ait encore paru, mais qu'encore on poussait l'oppression jusqu'à me faire dire, par un de mes anciens camarades, que si je publiais encore quelque chose, l'association pour les secours mutuels des élèves de l'École Normale, qui m'avait accordé 50 écus l'année passée, ne m'accorderait plus aucun secours, une juste indignation m'a pris et j'ai pris la détermination de publier ces lettres, dont la première, par parenthèse, n'est jamais parvenue à sa destination, ne l'ayant point mise à la poste, de peur qu'on ne l'interceptât.

Il peut se faire qu'on n'a poussé l'oppression à mon égard jusqu'à la dernière extrémité que pour me faire faire ces révélations; toutes les mesures étant prises pour qu'elles ne fassent aucun effet, ou pour que je sois un monstre de calomnie, mes oppresseurs s'étant faits les plus parfaits honnêtes gens du monde depuis mon oppression, ou plutôt leur nom étant devenu le nom de l'honnêteté, de la probité, du désintéressement et de toutes les vertus.

Il peut se faire encore qu'on m'a poussé à ces révélations pour donner un prétexte à mon frère de m'ôter le secours de 360 francs qu'il m'accorde à présent tous les ans; ce qui avec la pension de 600 francs que M. Dubois, le directeur de l'École Normale, et le docteur Paulin, mes anciens camarades, m'ont fait obtenir, fait à peu près 1,000 francs que j'ai pour vivre; il peut se faire, dis-je, qu'on m'a poussé à ces révélations pour me faire ôter ce secours, afin de m'ôter par là le moyen de publier ma découverte du rhythme, dont on sait parfaitement la vérité, quoiqu'on mette toujours en avant ce qu'elle renferme en apparence d'incroyable, de ridicule ou d'impossible, pour mieux en faire rire les gens et pour mieux la cacher au monde. On sait très-bien que par les nouvelles découvertes que j'ai faites, tout ce qu'il peut y avoir d'absurde ou de ridicule disparaît. On sait très-bien qu'elle est la preuve de la vérité de mon système de traduction.

Au reste, il n'y a pas de ridicule qu'ils ne cherchent à jeter sur ma personne ou de calomnies qu'ils ne répandent contre moi, et il ne serait pas étonnant qu'après avoir été les auteurs du méfait dont je me plains, ce ne fût encore moi qui fusse un misérable. Ce qui prouve ce que j'avance, c'est qu'on dit, entre autres choses, que je suis l'ami de M. Guizot et l'ennemi de M. Pelet de la Lozère, qui est le cousin de mes neveux et chez qui j'ai vu ma nièce der-

---

[1] C'est pour me faire enfermer comme fou, sans forme de procès, qu'on m'y a poussé. Ce qui le prouve, c'est qu'on m'a fait réellement passer pour fou depuis ma dernière publication. C'est le seul moyen qui leur reste de faire de ces révélations l'impossible des impossibles, comme ils l'ont fait de mon système de traduction, et surtout de ma découverte du rhythme, après en avoir fait, ainsi que de ma personne, le ridicule des ridicules et le néant des néants.

nièrement. Depuis seize ans que je vis à Paris, je n'ai eu que trois audiences de M. Guizot, et je ne les ai obtenues que dans les trois premières années. Je n'aurais pas d'ailleurs pu en obtenir plus tard, puisque j'étais obligé de vivre dans la plus dégoûtante misère. Si je le loue de m'avoir traité avec beaucoup de popularité, parce que je lui avais été recommandé par un membre de sa famille, c'est parce qu'il m'a reçu toujours dans un assez mauvais état. Quoi qu'il en soit, je n'ai jamais pu rien obtenir de lui [1], et c'est une vraie oppression de vouloir me faire partager sa monstruosité, si monstruosité il y a.

J'ai dit plus haut qu'on avait peut-être l'intention de m'empêcher de publier ma découverte du rhythme, et il pourrait se faire même qu'on m'empêche de la publier depuis que je suis un peu plus fortuné, parce qu'on me fait retenir la lettre qui la renferme, par M. Arago, chez qui elle est depuis huit ans, en l'entretenant dans l'idée qu'il s'est faite que cette publication le couvrirait de ridicule, soit à cause des choses absurdes et ridicules, en apparence, qu'elle renferme, soit à cause de l'éloge que j'y fais en rhythmes de ce savant. La raison en est que la vérité de ma découverte reconnue, on verrait matériellement toute l'importance de ma traduction; importance qu'ils ont bien connue, lorsqu'ils en ont fait disparaître les exemplaires, du moins autant qu'on l'a pu.

Mes oppresseurs, après s'être fait, au moyen de leurs intrigues ou au moyen de leurs amis, une réputation universelle de probité, croient pouvoir ne garder aucune mesure. Ils ont établi mes successeurs dans mon héritage, même de mon vivant. Eux seuls ont le talent, l'esprit et la science nécessaires pour tirer parti des découvertes importantes que l'on dit dans ma famille que j'ai faites. Ils ont seuls l'habileté qu'il faut et dont j'ai été privé toute ma vie. Ils ne manquent pas de dire, outre cela, que je suis tombé en démence, et que je tombe en démence toutes les fois que je publie quelque chose, de crainte qu'on ne me l'enlève. Ils ne manquent pas de dire non plus qu'il n'y a pas de démence comme la mienne, afin de trouver dans cette démence tous les prétextes qu'ils cherchent pour m'empêcher de publier ma découverte du rhythme, et d'en assurer par là la pension à mon héritier, qu'ils nomment déjà tout haut. C'est pour cela qu'ils ont toujours mis obstacle à mon établissement, et qu'ils y mettent obstacle tous les jours.

Je porterai deux exemplaires de cet imprimé à tous les journaux, et je ne demande pas mieux que de voir le débat devenir public.

---

[1] M. Guizot a été ministre de l'Instruction publique; il ne m'a accordé que 400 fr. de secours. M. Pelet de la Lozère a fait la même chose.

Mais comme les oppresseurs se tiennent la main, je crains qu'on ne les cache aux rédacteurs des journaux, qui sont ordinairement des honnêtes gens, ou que, par le mensonge et la calomnie, on les oblige à ne pas en parler. Je n'ajouterai pas qu'on peut me faire traiter comme un imbécile par les rédacteurs des journaux, en les prévenant d'avance contre moi.

De nouvelles informations me forcent à revenir sur ce que je viens de dire. Comme je ne veux que rendre hommage à la vérité, je n'aurai pas de peine à le faire. Je me suis trompé étrangement lorsque j'ai dit que mes oppresseurs établissaient tout haut mes héritiers dans ma succession, même de mon vivant; il paraît qu'ils se contentent de m'accuser d'être redevenu fou, comme je le disais plus haut, depuis que j'ai republié une œuvre qui avait été désapprouvée par tout le monde, quoique tout le monde l'eût approuvée, à quelques personnes près, et quoique ce fût sur le mérite de cette œuvre que M. Poirson m'eût donné deux répétitions et qu'il m'en eût promis d'autres.

Il ne leur reste plus qu'à m'accuser de monomanie et à me faire enfermer comme monomane; c'est peut-être ce qu'ils feront, et ce qu'ils feront peut-être sans me faire passer par un jugement de tribunal.

En attendant, comme la manie, lorsque l'on n'en guérit pas, se termine trois ou quatre ans avant la mort du malade par une crise dans laquelle on tombe tout à fait en démence, il peut se faire qu'on arrangera les choses de manière que je ne puisse publier ma découverte du rhythme qu'au moment où devra arriver cette crise (la durée de la manie étant connue en médecine), pour faire voir que je suis devenu fou toutes les fois que j'ai publié quelque chose et que la manie chez moi était accompagnée de monomanie : il faut bien, pour justifier une aussi indigne oppression, que la manie ne soit pas chez moi ce qu'elle a été chez Rousseau, chez Pascal, chez le Tasse, chez Jeanne d'Arc, etc., etc.

Au reste, il peut se faire que mon frère et M. Poirson soient l'un et l'autre étrangers à mon oppression; il peut se faire que des spéculateurs aient fait pour moi ce qu'ils firent autrefois pour le Tasse; qu'après avoir enterré mon ouvrage, quand ils l'eurent décrié, ne l'ayant pas pu reproduire de mon vivant parce qu'il était trop connu, ils l'ont encore décrié pour le reproduire sous un autre nom après ma mort. Les spéculateurs sont si hardis et si stupides en même temps ! Dirait-on, si ce sont eux, que par leurs décris ils ont fait revenir M. Guizot de l'appréciation qu'il avait faite de ma

---

[1] Je suis encore loin de cette crise, comme les médecins pourront le constater.

traduction? dirait-on qu'ils en ont fait revenir M. de Cormenin, et qu'ils l'ont peut-être fait rougir mille fois de la lettre qu'il a eu la popularité de m'écrire à ce sujet, et qu'il me permettra, j'espère, de reproduire ici, encore une fois, pour donner une idée de ma traduction à ceux qui ne la connaissent pas.

Quoi qu'il en soit, cette traduction est une des productions littéraires les plus remarquables de cc siècle, comme le prouvera ma découverte du véritable rhythme, ce qu'on appelle rhythme dans notre langue n'étant qu'un faux rhythme, comme le prouvera, dis-je, cette découverte qui met l'intelligence de la parole à la portée de l'homme le plus ignorant, comme de l'homme le plus savant. Je ne souhaite seulement qu'une chose, c'est d'avoir les moyens de la publier et d'en faire juge le public et non pas les particuliers. Les anciens élèves de l'École Normale, qui ont formé une association pour publier les ouvrages de ceux de leurs confrères qui n'ont pas les moyens de les publier, se chargeraient, j'en suis sûr, de la publier, si les oppresseurs ne les empêchaient de le faire. C'est une justice que je crois devoir à l'honnêteté de mes confrères.

—◦◦◦—

Voici la lettre de M. de Cormenin, c'est-à-dire, de la première célébrité littéraire de ce siècle.

Paris, le 20 Janvier 1834.

MONSIEUR,

La forme de style dont vous me louez m'est naturelle ; elle n'est point cherchée, elle n'est point un effet de l'art : je l'emploie plutôt comme forme logique que comme forme artistique. Lorsqu'on tire les conséquences d'un principe, le redoublement do la même forme enchaîne plus fortement l'attention du lecteur ; elle le presse, elle le poursuit, elle le domine. Mais il ne faut pas en abuser ; là on tomberait dans la recherche et l'affectation ; on fatiguerait le lecteur, on ne l'entraînerait plus ; il vous laisserait là.

Cette espèce de répétition est plus nécessaire d'ailleurs dans le discours oral que dans le discours écrit et lu : car dans le discours oral il faut prolonger l'attention souvent fugitive, distraite et lassée de l'auditeur ; dans le discours lu, l'œil aide la pensée.

J'ai comparé votre traduction avec le texte, et si vous suivez heureusement dans plusieurs passages le mouvement de Cicéron, je crois que vous lui faites aussi quelquefois répéter des mots qu'il n'a pas dits. Il y a quelquefois plus de système que de fidélité dans votre traduction. Vous avez voulu, Monsieur, connaître mon opinion : la voilà.

Vos recherches n'en sont pas moins ingénieuses, et il y a beaucoup de vrai dans votre manière d'entendre la véritable éloquence, qui naît du nombre et de l'enchaînement. Le style d'aujourd'hui est décousu, haché, bigarré de fleurs fausses, et souvent inintelligible.

Si vous venez à passer quelque matin dans mon quartier, j'aurai, Monsieur, grand plaisir à vous recevoir. Veuillez en attendant recevoir l'assurance de mes sentiments les plus distingués.

CORMENIN.